CHECK AND DEBIT CARD REGISTER

INFORMATION

Name	
Address	
Email	
Phone Number	
Fax Number	
Start Date	
Book Number	

I0391557

Starting Balance : _____

Date	Code / Number	Description	Payment Debit(-)	Payment Credit(+)	Balance

Starting Balance : _____

Date	Code / Number	Description	Payment Debit(-)	Payment Credit(+)	Balance

Starting Balance : _____

Date	Code / Number	Description	Payment Debit(-)	Payment Credit(+)	Balance

Starting Balance : _____

Date	Code / Number	Description	Payment Debit(-)	Payment Credit(+)	Balance

Starting Balance : _____

Date	Code / Number	Description	Payment Debit(-)	Payment Credit(+)	Balance

Starting Balance : _____

Date	Code / Number	Description	Payment Debit(-)	Payment Credit(+)	Balance

Starting Balance : _____

Date	Code / Number	Description	Payment Debit(-)	Payment Credit(+)	Balance

Starting Balance : _____

Date	Code / Number	Description	Payment Debit(-)	Payment Credit(+)	Balance

Starting Balance : _____

Date	Code / Number	Description	Payment Debit(-)	Payment Credit(+)	Balance

Starting Balance : _____

Date	Code / Number	Description	Payment Debit(-)	Payment Credit(+)	Balance

Starting Balance : _____

Date	Code / Number	Description	Payment Debit(-)	Payment Credit(+)	Balance

Starting Balance : _____

Date	Code / Number	Description	Payment Debit(-)	Payment Credit(+)	Balance

Starting Balance : _____

Date	Code / Number	Description	Payment Debit(-)	Payment Credit(+)	Balance

Starting Balance : _____

Date	Code / Number	Description	Payment Debit(-)	Payment Credit(+)	Balance

Starting Balance : _____

Date	Code / Number	Description	Payment Debit(-)	Payment Credit(+)	Balance

Starting Balance : _____

Date	Code / Number	Description	Payment Debit(-)	Payment Credit(+)	Balance

Starting Balance : _____

Date	Code / Number	Description	Payment Debit(-)	Payment Credit(+)	Balance

Starting Balance : _____

Date	Code / Number	Description	Payment Debit(-)	Payment Credit(+)	Balance

Starting Balance : _____

Date	Code / Number	Description	Payment Debit(-)	Payment Credit(+)	Balance

Starting Balance : _____

Date	Code / Number	Description	Payment Debit(-)	Payment Credit(+)	Balance

Starting Balance : _____

Date	Code / Number	Description	Payment Debit(-)	Payment Credit(+)	Balance

Starting Balance : _____

Date	Code / Number	Description	Payment Debit(-)	Payment Credit(+)	Balance

Starting Balance : _____

Date	Code / Number	Description	Payment Debit(-)	Payment Credit(+)	Balance

Starting Balance : _____

Date	Code / Number	Description	Payment Debit(-)	Payment Credit(+)	Balance

Starting Balance : _____

Date	Code / Number	Description	Payment Debit(-)	Payment Credit(+)	Balance

Starting Balance : _____

Date	Code / Number	Description	Payment Debit(-)	Payment Credit(+)	Balance

Starting Balance : _____

Date	Code / Number	Description	Payment Debit(-)	Payment Credit(+)	Balance

Starting Balance : _____

Date	Code / Number	Description	Payment Debit(-)	Payment Credit(+)	Balance

Starting Balance : _____

Date	Code / Number	Description	Payment Debit(-)	Payment Credit(+)	Balance

Starting Balance : _____

Date	Code / Number	Description	Payment Debit(-)	Payment Credit(+)	Balance

Starting Balance : _____

Date	Code / Number	Description	Payment Debit(-)	Payment Credit(+)	Balance

Starting Balance : _____

Date	Code / Number	Description	Payment Debit(-)	Payment Credit(+)	Balance

Starting Balance : _____

Date	Code / Number	Description	Payment Debit(-)	Payment Credit(+)	Balance

Starting Balance : _____

Date	Code / Number	Description	Payment Debit(-)	Payment Credit(+)	Balance

Starting Balance : _____

Date	Code / Number	Description	Payment Debit(-)	Payment Credit(+)	Balance

Starting Balance : _____

Date	Code / Number	Description	Payment Debit(-)	Payment Credit(+)	Balance

Starting Balance : _____

Date	Code / Number	Description	Payment Debit(-)	Payment Credit(+)	Balance

Starting Balance : _____

Date	Code / Number	Description	Payment Debit(-)	Payment Credit(+)	Balance

Starting Balance : _____

Date	Code / Number	Description	Payment Debit(-)	Payment Credit(+)	Balance

Starting Balance : _____

Date	Code / Number	Description	Payment Debit(-)	Payment Credit(+)	Balance

Starting Balance : _____

Date	Code / Number	Description	Payment Debit(-)	Payment Credit(+)	Balance

Starting Balance : _____

Date	Code / Number	Description	Payment Debit(-)	Payment Credit(+)	Balance

Starting Balance : _____

Date	Code / Number	Description	Payment Debit(-)	Payment Credit(+)	Balance

Starting Balance : _____

Date	Code / Number	Description	Payment Debit(-)	Payment Credit(+)	Balance

Starting Balance : _____

Date	Code / Number	Description	Payment Debit(-)	Payment Credit(+)	Balance

Starting Balance : _____

Date	Code / Number	Description	Payment Debit(-)	Payment Credit(+)	Balance

Starting Balance : _____

Date	Code / Number	Description	Payment Debit(-)	Payment Credit(+)	Balance

Starting Balance : _____

Date	Code / Number	Description	Payment Debit(-)	Payment Credit(+)	Balance

Starting Balance : _____

Date	Code / Number	Description	Payment Debit(-)	Payment Credit(+)	Balance

Starting Balance : _____

Date	Code / Number	Description	Payment Debit(-)	Payment Credit(+)	Balance

Starting Balance : _____

Date	Code / Number	Description	Payment Debit(-)	Payment Credit(+)	Balance

Starting Balance : _____

Date	Code / Number	Description	Payment Debit(-)	Payment Credit(+)	Balance

Starting Balance : _____

Date	Code / Number	Description	Payment Debit(-)	Payment Credit(+)	Balance

Starting Balance : _____

Date	Code / Number	Description	Payment Debit(-)	Payment Credit(+)	Balance

Starting Balance : _____

Date	Code / Number	Description	Payment Debit(-)	Payment Credit(+)	Balance

Starting Balance : _____

Date	Code / Number	Description	Payment Debit(-)	Payment Credit(+)	Balance

Starting Balance : _____

Date	Code / Number	Description	Payment Debit(-)	Payment Credit(+)	Balance

Starting Balance : _____

Date	Code / Number	Description	Payment Debit(-)	Payment Credit(+)	Balance

Starting Balance : _____

Date	Code / Number	Description	Payment Debit(-)	Payment Credit(+)	Balance

Starting Balance : _____

Date	Code / Number	Description	Payment Debit(-)	Payment Credit(+)	Balance

Starting Balance : _____

Date	Code / Number	Description	Payment Debit(-)	Payment Credit(+)	Balance

Starting Balance : _____

Date	Code / Number	Description	Payment Debit(-)	Payment Credit(+)	Balance

Starting Balance : _____

Date	Code / Number	Description	Payment Debit(-)	Payment Credit(+)	Balance

Starting Balance : _____

Date	Code / Number	Description	Payment Debit(-)	Payment Credit(+)	Balance

Starting Balance : _____

Date	Code / Number	Description	Payment Debit(-)	Payment Credit(+)	Balance

Starting Balance : _____

Date	Code / Number	Description	Payment Debit(-)	Payment Credit(+)	Balance

Starting Balance : _____

Date	Code / Number	Description	Payment Debit(-)	Payment Credit(+)	Balance

Starting Balance : _____

Date	Code / Number	Description	Payment Debit(-)	Payment Credit(+)	Balance

Starting Balance : _____

Date	Code / Number	Description	Payment Debit(-)	Payment Credit(+)	Balance

Starting Balance : _____

Date	Code / Number	Description	Payment Debit(-)	Payment Credit(+)	Balance

Starting Balance : _____

Date	Code / Number	Description	Payment Debit(-)	Payment Credit(+)	Balance

Starting Balance : _____

Date	Code / Number	Description	Payment Debit(-)	Payment Credit(+)	Balance

Starting Balance : _____

Date	Code / Number	Description	Payment Debit(-)	Payment Credit(+)	Balance

Starting Balance : _____

Date	Code / Number	Description	Payment Debit(-)	Payment Credit(+)	Balance

Starting Balance : _____

Date	Code / Number	Description	Payment Debit(-)	Payment Credit(+)	Balance

Starting Balance : _____

Date	Code / Number	Description	Payment Debit(-)	Payment Credit(+)	Balance

Starting Balance : _____

Date	Code / Number	Description	Payment Debit(-)	Payment Credit(+)	Balance

Starting Balance : _____

Date	Code / Number	Description	Payment Debit(-)	Payment Credit(+)	Balance

Starting Balance : _____

Date	Code / Number	Description	Payment Debit(-)	Payment Credit(+)	Balance

Starting Balance : _____

Date	Code / Number	Description	Payment Debit(-)	Payment Credit(+)	Balance

Starting Balance : _____

Date	Code / Number	Description	Payment Debit(-)	Payment Credit(+)	Balance

Starting Balance : _____

Date	Code / Number	Description	Payment Debit(-)	Payment Credit(+)	Balance

Starting Balance : _____

Date	Code / Number	Description	Payment Debit(-)	Payment Credit(+)	Balance

Starting Balance : _____

Date	Code / Number	Description	Payment Debit(-)	Payment Credit(+)	Balance

Starting Balance : _____

Date	Code / Number	Description	Payment Debit(-)	Payment Credit(+)	Balance

Starting Balance : _____

Date	Code / Number	Description	Payment Debit(-)	Payment Credit(+)	Balance

Starting Balance : _____

Date	Code / Number	Description	Payment Debit(-)	Payment Credit(+)	Balance

Starting Balance : _____

Date	Code / Number	Description	Payment Debit(-)	Payment Credit(+)	Balance

Starting Balance : _____

Date	Code / Number	Description	Payment Debit(-)	Payment Credit(+)	Balance

Starting Balance : _____

Date	Code / Number	Description	Payment Debit(-)	Payment Credit(+)	Balance

Starting Balance : _____

Date	Code / Number	Description	Payment Debit(-)	Payment Credit(+)	Balance

Starting Balance : _____

Date	Code / Number	Description	Payment Debit(-)	Payment Credit(+)	Balance

Starting Balance : _____

Date	Code / Number	Description	Payment Debit(-)	Payment Credit(+)	Balance

Starting Balance : _____

Date	Code / Number	Description	Payment Debit(-)	Payment Credit(+)	Balance

Starting Balance : _____

Date	Code / Number	Description	Payment Debit(-)	Payment Credit(+)	Balance

Starting Balance : _____

Date	Code / Number	Description	Payment Debit(-)	Payment Credit(+)	Balance

Starting Balance : _____

Date	Code / Number	Description	Payment Debit(-)	Payment Credit(+)	Balance

Starting Balance : _____

Date	Code / Number	Description	Payment Debit(-)	Payment Credit(+)	Balance

Starting Balance : _____

Date	Code / Number	Description	Payment Debit(-)	Payment Credit(+)	Balance

Starting Balance : _____

Date	Code / Number	Description	Payment Debit(-)	Payment Credit(+)	Balance

Starting Balance : _____

Date	Code / Number	Description	Payment Debit(-)	Payment Credit(+)	Balance

Starting Balance : _____

Date	Code / Number	Description	Payment Debit(-)	Payment Credit(+)	Balance

Starting Balance : _____

Date	Code / Number	Description	Payment Debit(-)	Payment Credit(+)	Balance

Starting Balance : _____

Date	Code / Number	Description	Payment Debit(-)	Payment Credit(+)	Balance

Starting Balance : _____

Date	Code / Number	Description	Payment Debit(-)	Payment Credit(+)	Balance

Starting Balance : _____

Date	Code / Number	Description	Payment Debit(-)	Payment Credit(+)	Balance

Starting Balance : _____

Date	Code / Number	Description	Payment Debit(-)	Payment Credit(+)	Balance

NOTE

NOTE

www.ingramcontent.com/pod-product-compliance
Lightning Source LLC
Chambersburg PA
CBHW070420220526
45466CB00004B/1478